THIS BOOK BELONGS TO:

_____

_____

_____

EQUIPMENT CHECKLIST

- [ ] _____
- [ ] _____
- [ ] _____
- [ ] _____
- [ ] _____
- [ ] _____
- [ ] _____
- [ ] _____
- [ ] _____
- [ ] _____
- [ ] _____
- [ ] _____
- [ ] _____
- [ ] _____
- [ ] _____
- [ ] _____
- [ ] _____
- [ ] _____
- [ ] _____

EQUIPMENT CHECKLIST

- [ ]
- [ ]
- [ ]
- [ ]
- [ ]
- [ ]
- [ ]
- [ ]
- [ ]
- [ ]
- [ ]
- [ ]
- [ ]
- [ ]
- [ ]
- [ ]
- [ ]
- [ ]

LOCATION _____

DATE _____ TIME _____

COMPANIONS _____

WEATHER _____

AIR TEMP _____ WATER TEMP _____

PARKING _____

WATER CONDITIONS

_____

_____

_____

_____

_____

_____

_____

_____

SWIM DISTANCE _____

SWIM DURATION _____

EXPERIENCE

_____

_____

_____

_____

_____

_____

_____

COMMENTS

_____

_____

_____

LOCATION _____

DATE _____ TIME _____

COMPANIONS _____

WEATHER _____

AIR TEMP _____ WATER TEMP _____

PARKING _____

WATER CONDITIONS

_____
_____
_____
_____
_____
_____
_____

SWIM DISTANCE _____

SWIM DURATION _____

EXPERIENCE

_____
_____
_____
_____
_____
_____

COMMENTS

_____
_____
_____
_____

LOCATION _____

DATE _____ TIME _____

COMPANIONS _____

WEATHER _____

AIR TEMP _____ WATER TEMP _____

PARKING _____

WATER CONDITIONS

_____
_____
_____
_____
_____
_____
_____

SWIM DISTANCE _____

SWIM DURATION _____

EXPERIENCE

_____
_____
_____
_____
_____
_____
_____

COMMENTS

_____
_____
_____

LOCATION _____

DATE _____ TIME _____

COMPANIONS _____

WEATHER _____

AIR TEMP _____ WATER TEMP _____

PARKING _____

WATER CONDITIONS

_____

_____

_____

_____

_____

_____

_____

SWIM DISTANCE _____

SWIM DURATION _____

EXPERIENCE

_____

_____

_____

_____

_____

_____

COMMENTS

_____

_____

_____

LOCATION ....

DATE .... TIME ....

COMPANIONS ....

WEATHER ....

AIR TEMP .... WATER TEMP ....

PARKING ....

WATER CONDITIONS

_____

_____

_____

_____

_____

_____

_____

_____

SWIM DISTANCE ....

SWIM DURATION ....

EXPERIENCE

_____

_____

_____

_____

_____

_____

_____

COMMENTS

_____

_____

_____

LOCATION ....

DATE _____ TIME _____

COMPANIONS ....

WEATHER ....

AIR TEMP .... WATER TEMP ....

PARKING ....

WATER CONDITIONS

SWIM DISTANCE ....

SWIM DURATION ....

EXPERIENCE

COMMENTS

LOCATION _____

DATE _____ TIME _____

COMPANIONS _____

WEATHER _____

AIR TEMP _____ WATER TEMP _____

PARKING _____

WATER CONDITIONS

_____
_____
_____
_____
_____
_____
_____
_____

SWIM DISTANCE _____

SWIM DURATION _____

EXPERIENCE

_____
_____
_____
_____
_____
_____
_____

COMMENTS

LOCATION _____

DATE _____ TIME _____

COMPANIONS _____

WEATHER _____

AIR TEMP _____ WATER TEMP _____

PARKING _____

WATER CONDITIONS

_____

_____

_____

_____

_____

_____

_____

SWIM DISTANCE _____

SWIM DURATION _____

EXPERIENCE

_____

_____

_____

_____

_____

_____

COMMENTS

_____

_____

_____

_____

LOCATION _____

DATE _____ TIME _____

COMPANIONS _____

WEATHER _____

AIR TEMP _____ WATER TEMP _____

PARKING _____

WATER CONDITIONS

_____

_____

_____

_____

_____

_____

_____

SWIM DISTANCE _____

SWIM DURATION _____

EXPERIENCE

_____

_____

_____

_____

_____

_____

COMMENTS

_____

_____

_____

LOCATION

DATE _____ TIME _____

COMPANIONS

WEATHER

AIR TEMP _____ WATER TEMP _____

PARKING

WATER CONDITIONS

SWIM DISTANCE

SWIM DURATION

EXPERIENCE

COMMENTS

LOCATION _____

DATE _____ TIME _____

COMPANIONS _____

WEATHER _____

AIR TEMP _____ WATER TEMP _____

PARKING _____

WATER CONDITIONS

_____
_____
_____
_____
_____
_____
_____
_____

SWIM DISTANCE _____

SWIM DURATION _____

EXPERIENCE

_____
_____
_____
_____
_____
_____

COMMENTS

LOCATION ....

DATE .... TIME ....

COMPANIONS ....

WEATHER ....

AIR TEMP .... WATER TEMP ....

PARKING ....

WATER CONDITIONS

_____

_____

_____

_____

_____

_____

_____

SWIM DISTANCE ....

SWIM DURATION ....

EXPERIENCE

_____

_____

_____

_____

_____

_____

COMMENTS

_____

_____

_____

_____

LOCATION _____

DATE _____ TIME _____

COMPANIONS _____

WEATHER _____

AIR TEMP _____ WATER TEMP _____

PARKING _____

WATER CONDITIONS

_____

_____

_____

_____

_____

_____

_____

_____

SWIM DISTANCE _____

SWIM DURATION _____

EXPERIENCE

_____

_____

_____

_____

_____

_____

COMMENTS

_____

_____

_____

LOCATION ....

DATE .... TIME ....

COMPANIONS ....

WEATHER ....

AIR TEMP .... WATER TEMP ....

PARKING ....

WATER CONDITIONS

_____

_____

_____

_____

_____

_____

_____

SWIM DISTANCE ....

SWIM DURATION ....

EXPERIENCE

_____

_____

_____

_____

_____

_____

_____

COMMENTS

_____

_____

_____

_____

LOCATION _____

DATE _____ TIME _____

COMPANIONS _____

WEATHER _____

AIR TEMP _____ WATER TEMP _____

PARKING _____

WATER CONDITIONS

_____

_____

_____

_____

_____

_____

SWIM DISTANCE _____

SWIM DURATION _____

EXPERIENCE

_____

_____

_____

_____

_____

_____

COMMENTS

_____

_____

_____

LOCATION ....

DATE .... TIME ....

COMPANIONS ....

WEATHER ....

AIR TEMP .... WATER TEMP ....

PARKING ....

WATER CONDITIONS

_____

_____

_____

_____

_____

_____

_____

SWIM DISTANCE ....

SWIM DURATION ....

EXPERIENCE

_____

_____

_____

_____

_____

_____

COMMENTS

_____

_____

_____

_____

LOCATION

DATE _____ TIME _____

COMPANIONS

WEATHER

AIR TEMP _____ WATER TEMP _____

PARKING

WATER CONDITIONS

SWIM DISTANCE

SWIM DURATION

EXPERIENCE

COMMENTS

LOCATION ....

DATE .... TIME ....

COMPANIONS ....

WEATHER ....

AIR TEMP .... WATER TEMP ....

PARKING ....

WATER CONDITIONS

....

....

....

....

....

....

....

SWIM DISTANCE ....

SWIM DURATION ....

EXPERIENCE

....

....

....

....

....

....

....

COMMENTS

....

....

....

....

LOCATION

DATE _____ TIME _____

COMPANIONS

WEATHER

AIR TEMP _____ WATER TEMP _____

PARKING

WATER CONDITIONS

SWIM DISTANCE _____

SWIM DURATION _____

EXPERIENCE

COMMENTS

LOCATION _____

DATE _____ TIME _____

COMPANIONS _____

WEATHER _____

AIR TEMP _____ WATER TEMP _____

PARKING _____

WATER CONDITIONS

_____

_____

_____

_____

_____

_____

SWIM DISTANCE _____

SWIM DURATION _____

EXPERIENCE

_____

_____

_____

_____

_____

_____

COMMENTS

_____

_____

_____

_____

LOCATION ....

DATE .... TIME ....

COMPANIONS ....

WEATHER ....

AIR TEMP .... WATER TEMP ....

PARKING ....

WATER CONDITIONS

SWIM DISTANCE ....

SWIM DURATION ....

EXPERIENCE

COMMENTS

LOCATION ....

DATE .... TIME ....

COMPANIONS ....

WEATHER ....

AIR TEMP .... WATER TEMP ....

PARKING ....

WATER CONDITIONS

_____

_____

_____

_____

_____

_____

_____

SWIM DISTANCE ....

SWIM DURATION ....

EXPERIENCE

_____

_____

_____

_____

_____

_____

COMMENTS

_____

_____

_____

_____

LOCATION ....

DATE .... TIME ....

COMPANIONS ....

WEATHER ....

AIR TEMP .... WATER TEMP ....

PARKING ....

WATER CONDITIONS

SWIM DISTANCE ....

SWIM DURATION ....

EXPERIENCE

COMMENTS

LOCATION _____

DATE _____ TIME _____

COMPANIONS _____

WEATHER _____

AIR TEMP _____ WATER TEMP _____

PARKING _____

WATER CONDITIONS

_____
_____
_____
_____
_____
_____
_____

SWIM DISTANCE _____

SWIM DURATION _____

EXPERIENCE

_____
_____
_____
_____
_____
_____

COMMENTS

_____
_____
_____
_____

LOCATION ....

DATE .... TIME ....

COMPANIONS ....

WEATHER ....

AIR TEMP .... WATER TEMP ....

PARKING ....

WATER CONDITIONS

_____

_____

_____

_____

_____

_____

_____

SWIM DISTANCE ....

SWIM DURATION ....

EXPERIENCE

_____

_____

_____

_____

_____

_____

COMMENTS

_____

_____

_____

LOCATION _____

DATE _____ TIME _____

COMPANIONS _____

WEATHER _____

AIR TEMP _____ WATER TEMP _____

PARKING _____

WATER CONDITIONS

_____

_____

_____

_____

_____

_____

_____

SWIM DISTANCE _____

SWIM DURATION _____

EXPERIENCE

_____

_____

_____

_____

_____

_____

_____

COMMENTS

_____

_____

_____

_____

LOCATION

DATE _____ TIME _____

COMPANIONS _____

WEATHER _____

AIR TEMP _____ WATER TEMP _____

PARKING _____

WATER CONDITIONS

SWIM DISTANCE _____

SWIM DURATION _____

EXPERIENCE

COMMENTS

LOCATION ....

DATE .... TIME ....

COMPANIONS ....

WEATHER ....

AIR TEMP .... WATER TEMP ....

PARKING ....

WATER CONDITIONS

_____

_____

_____

_____

_____

_____

_____

SWIM DISTANCE ....

SWIM DURATION ....

EXPERIENCE

_____

_____

_____

_____

_____

_____

COMMENTS

_____

_____

_____

_____

LOCATION ....

DATE .... TIME ....

COMPANIONS ....

WEATHER ....

AIR TEMP .... WATER TEMP ....

PARKING ....

WATER CONDITIONS

_____

_____

_____

_____

_____

_____

_____

SWIM DISTANCE ....

SWIM DURATION ....

EXPERIENCE

_____

_____

_____

_____

_____

_____

COMMENTS

_____

_____

_____

_____

LOCATION ....

DATE .... TIME ....

COMPANIONS ....

WEATHER ....

AIR TEMP .... WATER TEMP ....

PARKING ....

WATER CONDITIONS

_____

_____

_____

_____

_____

_____

_____

SWIM DISTANCE ....

SWIM DURATION ....

EXPERIENCE

_____

_____

_____

_____

_____

_____

COMMENTS

_____

_____

_____

_____

LOCATION ....

DATE .... TIME ....

COMPANIONS ....

WEATHER ....

AIR TEMP .... WATER TEMP ....

PARKING ....

WATER CONDITIONS

_____

_____

_____

_____

_____

_____

_____

_____

SWIM DISTANCE ....

SWIM DURATION ....

EXPERIENCE

_____

_____

_____

_____

_____

_____

_____

COMMENTS

_____

_____

_____

LOCATION ....

DATE .... TIME ....

COMPANIONS ....

WEATHER ....

AIR TEMP .... WATER TEMP ....

PARKING ....

WATER CONDITIONS

SWIM DISTANCE ....

SWIM DURATION ....

EXPERIENCE

COMMENTS

LOCATION
DATE   TIME
COMPANIONS
WEATHER
AIR TEMP   WATER TEMP
PARKING

WATER CONDITIONS

SWIM DISTANCE
SWIM DURATION

EXPERIENCE

COMMENTS

LOCATION ....

DATE .... TIME ....

COMPANIONS ....

WEATHER ....

AIR TEMP .... WATER TEMP ....

PARKING ....

WATER CONDITIONS

....

....

....

....

....

....

....

....

SWIM DISTANCE ....

SWIM DURATION ....

EXPERIENCE

....

....

....

....

....

....

COMMENTS

....

....

....

....

LOCATION ....

DATE .... TIME ....

COMPANIONS ....

WEATHER ....

AIR TEMP .... WATER TEMP ....

PARKING ....

WATER CONDITIONS

SWIM DISTANCE ....

SWIM DURATION ....

EXPERIENCE

COMMENTS

LOCATION _____

DATE _____ TIME _____

COMPANIONS _____

WEATHER _____

AIR TEMP _____ WATER TEMP _____

PARKING _____

WATER CONDITIONS

_____

_____

_____

_____

_____

_____

_____

SWIM DISTANCE _____

SWIM DURATION _____

EXPERIENCE

_____

_____

_____

_____

_____

_____

COMMENTS

_____

_____

_____

_____

LOCATION

DATE _____ TIME _____

COMPANIONS _____

WEATHER _____

AIR TEMP _____ WATER TEMP _____

PARKING _____

WATER CONDITIONS

_____

_____

_____

_____

_____

_____

_____

SWIM DISTANCE _____

SWIM DURATION _____

EXPERIENCE

_____

_____

_____

_____

_____

_____

COMMENTS

_____

_____

_____

LOCATION _____

DATE _____ TIME _____

COMPANIONS _____

WEATHER _____

AIR TEMP _____ WATER TEMP _____

PARKING _____

WATER CONDITIONS

_____

_____

_____

_____

_____

_____

SWIM DISTANCE _____

SWIM DURATION _____

EXPERIENCE

_____

_____

_____

_____

_____

_____

COMMENTS

_____

_____

_____

LOCATION

DATE   TIME

COMPANIONS

WEATHER

AIR TEMP   WATER TEMP

PARKING

WATER CONDITIONS

SWIM DISTANCE

SWIM DURATION

EXPERIENCE

COMMENTS

LOCATION _____

DATE _____ TIME _____

COMPANIONS _____

WEATHER _____

AIR TEMP _____ WATER TEMP _____

PARKING _____

WATER CONDITIONS

_____
_____
_____
_____
_____
_____
_____
_____

SWIM DISTANCE _____

SWIM DURATION _____

EXPERIENCE

_____
_____
_____
_____
_____
_____
_____

COMMENTS

_____
_____
_____
_____

LOCATION _____

DATE _____ TIME _____

COMPANIONS _____

WEATHER _____

AIR TEMP _____ WATER TEMP _____

PARKING _____

WATER CONDITIONS

_____
_____
_____
_____
_____
_____
_____

SWIM DISTANCE _____

SWIM DURATION _____

EXPERIENCE

_____
_____
_____
_____
_____
_____

COMMENTS

_____
_____
_____

LOCATION ....

DATE .... TIME ....

COMPANIONS ....

WEATHER ....

AIR TEMP .... WATER TEMP ....

PARKING ....

WATER CONDITIONS

....

....

....

....

....

....

SWIM DISTANCE ....

SWIM DURATION ....

EXPERIENCE

....

....

....

....

....

....

COMMENTS

....

....

....

....

LOCATION ....

DATE .... TIME ....

COMPANIONS ....

WEATHER ....

AIR TEMP .... WATER TEMP ....

PARKING ....

WATER CONDITIONS

SWIM DISTANCE ....

SWIM DURATION ....

EXPERIENCE

COMMENTS

LOCATION ....

DATE .... TIME ....

COMPANIONS ....

WEATHER ....

AIR TEMP .... WATER TEMP ....

PARKING ....

WATER CONDITIONS

_____

_____

_____

_____

_____

_____

_____

SWIM DISTANCE ....

SWIM DURATION ....

EXPERIENCE

_____

_____

_____

_____

_____

_____

COMMENTS

_____

_____

_____

_____

LOCATION

DATE   TIME

COMPANIONS

WEATHER

AIR TEMP   WATER TEMP

PARKING

WATER CONDITIONS

SWIM DISTANCE

SWIM DURATION

EXPERIENCE

COMMENTS

LOCATION ....

DATE .... TIME ....

COMPANIONS ....

WEATHER ....

AIR TEMP .... WATER TEMP ....

PARKING ....

WATER CONDITIONS

....

....

....

....

....

....

....

SWIM DISTANCE ....

SWIM DURATION ....

EXPERIENCE

....

....

....

....

....

....

COMMENTS

....

....

....

....

LOCATION

DATE _____ TIME _____

COMPANIONS

WEATHER

AIR TEMP _____ WATER TEMP _____

PARKING

WATER CONDITIONS

SWIM DISTANCE

SWIM DURATION

EXPERIENCE

COMMENTS

LOCATION

DATE _____ TIME

COMPANIONS

WEATHER

AIR TEMP _____ WATER TEMP

PARKING

WATER CONDITIONS

SWIM DISTANCE

SWIM DURATION

EXPERIENCE

COMMENTS

LOCATION
DATE   TIME
COMPANIONS
WEATHER
AIR TEMP   WATER TEMP
PARKING

WATER CONDITIONS

SWIM DISTANCE
SWIM DURATION

EXPERIENCE

COMMENTS

LOCATION _____

DATE _____ TIME _____

COMPANIONS _____

WEATHER _____

AIR TEMP _____ WATER TEMP _____

PARKING _____

WATER CONDITIONS

_____

_____

_____

_____

_____

_____

_____

SWIM DISTANCE _____

SWIM DURATION _____

EXPERIENCE

_____

_____

_____

_____

_____

_____

COMMENTS

_____

_____

_____

_____

LOCATION _____

DATE _____ TIME _____

COMPANIONS _____

WEATHER _____

AIR TEMP _____ WATER TEMP _____

PARKING _____

WATER CONDITIONS

_____

_____

_____

_____

_____

_____

_____

_____

SWIM DISTANCE _____

SWIM DURATION _____

EXPERIENCE

_____

_____

_____

_____

_____

_____

_____

COMMENTS

_____

_____

_____

LOCATION

DATE _____ TIME _____

COMPANIONS _____

WEATHER _____

AIR TEMP _____ WATER TEMP _____

PARKING _____

WATER CONDITIONS

_____

_____

_____

_____

_____

_____

_____

SWIM DISTANCE _____

SWIM DURATION _____

EXPERIENCE

_____

_____

_____

_____

_____

_____

COMMENTS

_____

_____

_____

_____

LOCATION ....

DATE ....

COMPANIONS ....

WEATHER ....

AIR TEMP .... WA

PARKING ....

WATER CON

....

....

....

....

....

....

....

SWIM DISTANCE ....

SWIM DURATION ....

EXPERI

....

....

....

....

....

....

COMMENTS

....

....

....

....

TIME

WATER TEMP

ONDITIONS

RIENCE

COMMENTS

LOCATION _____

DATE _____

COMPANIONS _____

WEATHER _____

AIR TEMP _____ WA

PARKING _____

WATER CON

_____

_____

_____

_____

_____

_____

SWIM DISTANCE _____

SWIM DURATION _____

EXPERI

_____

_____

_____

_____

_____

_____

COMMENTS

_____

_____

_____

_____

TIME

WATER TEMP

ONDITIONS

RIENCE

COMMENTS

LOCATION ....

DATE ....

COMPANIONS ....

WEATHER ....

AIR TEMP .... WA

PARKING ....

WATER CON

....

....

....

....

....

....

....

SWIM DISTANCE ....

SWIM DURATION ....

EXPERI

....

....

....

....

....

....

COMMENTS

....

....

....

TIME _____

WATER TEMP _____

ONDITIONS

_____

_____

_____

_____

_____

_____

_____

_____

RIENCE

_____

_____

_____

_____

_____

COMMENTS

_____

_____

_____

LOCATION

DATE

COMPANIONS

WEATHER

AIR TEMP   W

PARKING

WATER CON

SWIM DISTANCE

SWIM DURATION

EXPERI

COMMENTS

TIME _____

WATER TEMP _____

ONDITIONS

_____

_____

_____

_____

_____

_____

_____

RIENCE

_____

_____

_____

_____

_____

COMMENTS

_____

_____

_____

LOCATION _____

DATE _____

COMPANIONS _____

WEATHER _____

AIR TEMP _____ WA

PARKING _____

WATER CON

_____

_____

_____

_____

_____

_____

_____

SWIM DISTANCE _____

SWIM DURATION _____

EXPERI

_____

_____

_____

_____

_____

_____

COMMENTS

_____

_____

_____

TIME _____

WATER TEMP _____

ONDITIONS

RIENCE

COMMENTS

LOCATION _____

DATE _____

COMPANIONS _____

WEATHER _____

AIR TEMP _____ WA

PARKING _____

WATER CON

_____

_____

_____

_____

_____

_____

_____

SWIM DISTANCE _____

SWIM DURATION _____

EXPERI

_____

_____

_____

_____

_____

_____

_____

COMMENTS

_____

_____

_____

_____

TIME _____

WATER TEMP _____

ONDITIONS

_____

_____

_____

_____

_____

_____

_____

RIENCE

_____

_____

_____

_____

_____

COMMENTS

_____

_____

_____

LOCATION _____

DATE _____

COMPANIONS _____

WEATHER _____

AIR TEMP _____ W

PARKING _____

WATER CON

_____

_____

_____

_____

_____

_____

_____

SWIM DISTANCE _____

SWIM DURATION _____

EXPERI

_____

_____

_____

_____

_____

_____

COMMENTS

_____

_____

_____

_____

TIME _____

WATER TEMP _____

CONDITIONS

_____

_____

_____

_____

_____

_____

_____

_____

_____

EXPERIENCE

_____

_____

_____

_____

_____

COMMENTS

_____

_____

_____

_____

LOCATION _____

DATE _____

COMPANIONS _____

WEATHER _____

AIR TEMP _____ WA

PARKING _____

WATER CON

_____

_____

_____

_____

_____

_____

_____

SWIM DISTANCE _____

SWIM DURATION _____

EXPERI

_____

_____

_____

_____

_____

_____

COMMENTS

_____

_____

_____

_____

TIME

WATER TEMP

ONDITIONS

RIENCE

COMMENTS

LOCATION _____

DATE _____

COMPANIONS _____

WEATHER _____

AIR TEMP _____ WA

PARKING _____

WATER CON

_____

_____

_____

_____

_____

_____

_____

SWIM DISTANCE _____

SWIM DURATION _____

EXPERI

_____

_____

_____

_____

_____

_____

COMMENTS

_____

_____

_____

_____

TIME

WATER TEMP

ONDITIONS

RIENCE

COMMENTS

LOCATION _____

DATE _____

COMPANIONS _____

WEATHER _____

AIR TEMP _____ W

PARKING _____

WATER CON

_____

_____

_____

_____

_____

_____

_____

SWIM DISTANCE _____

SWIM DURATION _____

EXPERI

_____

_____

_____

_____

_____

_____

_____

COMMENTS

_____

_____

_____

_____

TIME _____

WATER TEMP _____

ONDITIONS

_____

_____

_____

_____

_____

_____

_____

_____

RIENCE

_____

_____

_____

_____

_____

_____

COMMENTS

_____

_____

_____

_____

LOCATION _____

DATE _____

COMPANIONS _____

WEATHER _____

AIR TEMP _____ W

PARKING _____

WATER COM

_____

_____

_____

_____

_____

_____

SWIM DISTANCE _____

SWIM DURATION _____

EXPERI

_____

_____

_____

_____

_____

_____

COMMENTS

_____

_____

_____

_____

TIME _____

WATER TEMP _____

ONDITIONS

_____

_____

_____

_____

_____

_____

_____

RIENCE

_____

_____

_____

_____

_____

COMMENTS

_____

_____

_____

LOCATION _____

DATE _____

COMPANIONS _____

WEATHER _____

AIR TEMP _____ WA

PARKING _____

WATER CON

_____

_____

_____

_____

_____

_____

SWIM DISTANCE _____

SWIM DURATION _____

EXPERI

_____

_____

_____

_____

_____

_____

COMMENTS

_____

_____

_____

_____

TIME _____

WATER TEMP _____

ONDITIONS

_____

_____

_____

_____

_____

_____

RIENCE

_____

_____

_____

_____

_____

COMMENTS

_____

_____

_____

LOCATION _____

DATE _____

COMPANIONS _____

WEATHER _____

AIR TEMP _____ W

PARKING _____

WATER CON

_____

_____

_____

_____

_____

_____

_____

SWIM DISTANCE _____

SWIM DURATION _____

EXPERI

_____

_____

_____

_____

_____

_____

COMMENTS

_____

_____

_____

TIME

WATER TEMP

ONDITIONS

RIENCE

COMMENTS

LOCATION _____

DATE _____

COMPANIONS _____

WEATHER _____

AIR TEMP _____ WA

PARKING _____

WATER CON

_____

_____

_____

_____

_____

_____

_____

_____

SWIM DISTANCE _____

SWIM DURATION _____

EXPERI

_____

_____

_____

_____

_____

_____

_____

COMMENTS

_____

_____

_____

_____

TIME _____

WATER TEMP _____

ONDITIONS

_____

_____

_____

_____

_____

_____

_____

_____

_____

RIENCE

_____

_____

_____

_____

_____

COMMENTS

_____

_____

_____

LOCATION ....

DATE ....

COMPANIONS ....

WEATHER ....

AIR TEMP .... W

PARKING ....

WATER CON

SWIM DISTANCE ....

SWIM DURATION ....

EXPERI

COMMENTS

TIME ....

WATER TEMP ....

ONDITIONS

....

....

....

....

....

....

....

....

RIENCE

....

....

....

....

COMMENTS

....

....

....

LOCATION

DATE

COMPANIONS

WEATHER

AIR TEMP   W/

PARKING

WATER CON

SWIM DISTANCE

SWIM DURATION

EXPERI

COMMENTS

TIME

WATER TEMP

ONDITIONS

RIENCE

COMMENTS

LOCATION ....
DATE ....
COMPANIONS ....
WEATHER ....
AIR TEMP .... W,
PARKING ....

WATER CO

....

....

....

....

....

....

....

SWIM DISTANCE ....
SWIM DURATION ....

EXPERI

....

....

....

....

....

....

COMMENTS

....

....

....

....

TIME

WATER TEMP

CONDITIONS

EXPERIENCE

COMMENTS

LOCATION _____

DATE _____

COMPANIONS _____

WEATHER _____

AIR TEMP _____ W

PARKING _____

WATER CON

_____

_____

_____

_____

_____

_____

SWIM DISTANCE _____

SWIM DURATION _____

EXPER

_____

_____

_____

_____

_____

_____

COMMENTS

_____

_____

_____

_____

TIME

WATER TEMP

ONDITIONS

RIENCE

COMMENTS

LOCATION ....

DATE ....

COMPANIONS ....

WEATHER ....

AIR TEMP .... WA

PARKING ....

WATER CON

SWIM DISTANCE ....

SWIM DURATION ....

EXPERI

COMMENTS

TIME

WATER TEMP

ONDITIONS

RIENCE

COMMENTS

LOCATION ....
DATE ....
COMPANIONS ....
WEATHER ....
AIR TEMP .... W/
PARKING ....

WATER CON

....
....
....
....
....
....
....

SWIM DISTANCE ....
SWIM DURATION ....

EXPERI

....
....
....
....
....
....

COMMENTS

....
....
....
....

TIME _____

WATER TEMP _____

ONDITIONS

_____

_____

_____

_____

_____

_____

_____

_____

RIENCE

_____

_____

_____

_____

_____

COMMENTS

_____

_____

_____

LOCATION ....

DATE ....

COMPANIONS ....

WEATHER ....

AIR TEMP .... W/

PARKING ....

WATER CON

_____

_____

_____

_____

_____

_____

_____

SWIM DISTANCE ....

SWIM DURATION ....

EXPERI

_____

_____

_____

_____

_____

_____

COMMENTS

_____

_____

_____

_____

TIME
_____

WATER TEMP
_____

ONDITIONS
_____
_____
_____
_____
_____
_____
_____

RIENCE
_____
_____
_____
_____

COMMENTS
_____
_____
_____

LOCATION _____

DATE _____

COMPANIONS _____

WEATHER _____

AIR TEMP _____ W.

PARKING _____

WATER CON

_____

_____

_____

_____

_____

_____

_____

SWIM DISTANCE _____

SWIM DURATION _____

EXPERI

_____

_____

_____

_____

_____

_____

COMMENTS

_____

_____

_____

_____

TIME

WATER TEMP

ONDITIONS

RIENCE

COMMENTS

LOCATION

DATE

COMPANIONS

WEATHER

AIR TEMP   W

PARKING

WATER CON

SWIM DISTANCE

SWIM DURATION

EXPER

COMMENTS

TIME

_____

WATER TEMP

_____

ONDITIONS

_____

_____

_____

_____

_____

_____

_____

RIENCE

_____

_____

_____

_____

_____

COMMENTS

_____

_____

LOCATION ....

DATE ....

COMPANIONS ....

WEATHER ....

AIR TEMP .... W

PARKING ....

WATER CO

....

....

....

....

....

....

....

SWIM DISTANCE ....

SWIM DURATION ....

EXPER

....

....

....

....

....

....

COMMENTS

....

....

....

....

TIME

WATER TEMP

ONDITIONS

RIENCE

COMMENTS